मेरे जज्बात

SALIMUDDIN KI KALAM SE....

सलीमउद्दीन खान

Made with ♥ on the Notion Press Platform
www.notionpress.com

एक छड़ी मेरे पास आई

एक छड़ी मेरे पास आई

एक छड़ी मेरे पास आई ,

मुझसे बोली और गिङ-गिडाई |

बोली आप बहुत बड़े है ,

अपने पैरों पर भी खड़े है ||

सेहत आपकी खुदा का शुक्र है ,

किसी को रस्क तो किसी को फक्र है |

दो-चार लोग आपको जानते भी है ,

और कुछ अपना मानते भी है ||

मैं भी चाहती हूँ, आपकी हो जाऊँ ,

आपके संग-संग रहूँ , आप में खो जाऊँ |

मेरा गुणगान भी लोगो ने किया है ,

मैंने भी परोपकारी जीवन जीया है ||

लेकिन आप पर परोपकार नहीं कर रही हूँ ,

घर में अकेली हूँ , खूँटी पर टंगी हूँ |

धूल,मकड़ी,मच्छर,जाले सभी की मार सहती हूँ

आपके साथ रहूँगी तो इनके अत्याचार से बच जाऊँगी |

आपके साथ घूमूंगी ,

आप को भी घुमाऊँगी ||पानी के बताशे ,

दही भल्ले भी खिलवाऊँगी |

गलियों के कुत्ते बड़े सयाने हो गए है ,

वक़्त आने पर उनसे भी बचाऊँगी ||

मेरी इल्तजा है मुझे अपनालो ,

खूँटी से उतारो अपने हाथ की शोभा बढ़ालो |

जिंदगी का ठहराव दूर कर दूँगी ,

जहाँ चाहो वहाँ ले चलूँगी |

छड़ी की बकबक उपयोगी थी ,

वह भी अकेलेपन की रोगी थी ||

मैंने समझाया अभी धैर्य रख ,

कुछ दिन और अकेलेपन का मजा चख |

मुझे थोड़ा अकेलेपन का काम करना है ||

वरना आपके साथ ही जीना और मरना है |

कसम खाते है एक दूसरे के साथ मरेंगे ,

चिता में भी साथ-साथ ही जलेंगे ||

जिंदगी तुझे मेरे जज्बात की कसम

जिंदगी तुझे मेरे जज्बात की कसम |

जो तुझको पता है, उस बात की कसम ||

ख्वाबों ने जिसको पाला और नाज उठाये |

आँसू भी कभी निकले, पलकों ने उठाये ||

यदि साथ थोड़ा चलते, अरमान होते कम |

जिंदगी तुझे मेरे जज्बात की कसम ||

नजरों ने भी मेरा, नहीं साथ निभाया |

जो देखना चाहा, नहीं उसको दिखाया ||

खुद पर रखा भरोसा, निकला हो चाहे दम ।

जिंदगी तुझे मेरे जज्बात की कसम ||

वह खो गई तलैया, जहाँ जिंदगी गुजारी |

ढूँढू कहाँ मैं उसको, थी सबकी जो दुलारी ||

कोई पता बता दे, मन चाही दूँ रकम ।

जिंदगी तुझे मेरे जज्बात की कसम ||

नहीं पर्दा उठाना तुम, नहीं नजदीक आना तुम ।

साथ इतना निभाना तुम, नहीं दिल को बताना तुम ||

हम दो नहीं हम एक है,

बस रखना इतना भरम

जिंदगी तुझे मेरे जज्बात की कसम ||

थोडा सा बचपन

थोडा सा बचपन भी मुझे , मिल जाये दोबारा|

पूछूँगा उससे पहले , हाथ क्यों छोड़ा हमारा ||

खाने पर मेरा रूठना , मम्मी का मनाना |

गोदी में माँ की बैठकर , फिर चाव से खाना||

बन जाऊँ फिर से अपनी , मैया का मैं दुलारा|

थोडा सा बचपन भी मुझे ,मिल जाये दोबारा||

जो दुआएं मेरी माँ ने ,दी क्रोध में भी आकर |

ढूढूँगा वो दुआएं , बचपन में फिर से जाकर ||

माँ की दुआओं पर ही , जीवन खड़ा हमारा |

थोडा सा बचपन भी मुझे,मिल जाये दोबारा ||

बचपन अगर मिले तो ,कुछ मैं सुधार करलूँ ||

माँ की आँखों के मोती,झोली मैं अपनी भरलूँ||

क़दमों में माँ के रहकर , माँ का बनूँ सहारा |

थोडा सा बचपन भी मुझे,मिल जाये दोबारा ||

खोकर पता चला है , क्या चीज़ होती है माँ |

बिन माँ के ऐसा लगता,मेरा लुट गया जहाँ ||

जहाँ आज मैं खड़ा हूँ,सब कुछ है माँ तुम्हारा |

थोडा सा बचपन भी मुझे,मिल जाये दोबारा ||

वक्त ने मुझको इतना निचोड़ा है

वक्त ने मुझको इतना निचोड़ा है ,

जिंदगी को मेरी कहीं का नहीं छोड़ा है |

हँसना सिखा दिया मजबूरियों के साथ ,

वरना क्या मेरी जिंदगी में, दर्द थोडा है ||

नहीं मंजिल को बताया , नहीं रास्ता दिखाया,

उठाया कदम जिधर भी , अँधेरा घना पाया |

इल्जाम का पिटारा भी,सिर पर मेरे फोड़ा है||

वक्त ने मुझको इतना निचोड़ा है ,

जिंदगी को मेरी कहीं का नहीं छोड़ा है ||

शिकायत करूँ कभी मुस्कुरा भर देता है |

वक्त कभी क्या बदला , अपने वक्त से लेता है|

मैंने भी खुद को, जनता पर छोड़ा है |

वक्त ने मुझको इतना निचोड़ा है ,

जिंदगी को मेरी कहीं का नहीं छोड़ा है ||

आज से मैं अपने, नहीं कल को लड़ाता हूँ |

कल आज और कल में, केवल प्रेम कराता हूँ ||

मैंने बीते कल को , हमेशा कल से जोड़ा है |

वक्त ने मुझको इतना निचोड़ा है ,

जिंदगी को मेरी कहीं का नहीं छोड़ा है ||मैं इसका हूँ,

मैं उसका हूँ, मैं सबका हूँ, मगर कहता हूँ

पहचान लेता है जो मुझको , जान उसी को देता हूँ |

पहचान ले तू भी मुझको , वरना मैंने किसको छोड़ा है |

वक्त ने मुझको इतना निचोड़ा है ,

जिंदगी को मेरी कहीं का नहीं छोड़ा है ||

पता चला ही नहीं,कब झुक गई कमर

पता चला ही नहीं , कब झुक गई कमर |

आईने ने मुझसे पहले , इसकी दी खबर ||

कमर झुकी , घुटनों की बारी ,

हिम्मत नहीं कभी उसने हारी |

मस्ती में अपनी रहता है,

जैसे रहता मस्त भिखारी ||

रुखा-सूखा जो मिल जाए ,

करता उसपर सबर |

पता चला ही नहीं , कब झुक गई कमर ||

छुपकर रहता घर के अंदर , गहरा जैसे कोई समंदर |

ताता-थैया ऐसे करवाता , नचाता जैसे मदारी बंदर ||

लटके पैर कबर में बेशक , करता नहीं फिकर |

पता चला ही नहीं , कब झुक गई कमर ||

सागर की लहरों सा चंचल , हिरणी जैसा रहता बेकल |

ऊँचाई अम्बर से ऊँची , फिर भी कहता चलता ही चल ||

चंचलता पर इसकी रहती , मेरी पैनी नजर |

पता चला ही नहीं , कब झुक गई कमर ||

इसमें प्यार भी है , इनकार भी है ,

दुत्कार भी है , इसरार भी है |

समा जाये जिसमें दुनियाँ सारी ,

इतना बड़ा आकार भी है ||

छोटा सा है मगर, रखता है सबकी खबर |

पता चला ही नहीं , कब झुक गयी कमर ||

साथ अगर मैं इसका छोड़ू , जीवन से फिर नाता तोड़ू |

या फिर जैसा वह कहता है , उसके पीछे-पीछे दौड़ूँ ||

असमंजस में दुनियाँ मेरी , मुश्किल बनी डगर |

पता चला ही नहीं कब झुक गई कमर ||

दिल तेरा हो या फिर मेरा , पाले आखों में सभी सवेरा |

दिन रात भटकता रहता , कभी छंटता नहीं अँधेरा ||

नहीं ढूंढता उसको , आसां जो करे सफ़र ||

पता चला ही नहीं कब झुक गई कमर ||

तपती धुप में

तपती धूप ने, सूखे कूप ने ,तुझसे टेर लगाई |

गला खेत का सूख रहा है ,कब बरसेगा भाई||

कभी-कभी तो तू आता है , झलक दिखाकर भांग जाता है |

तू भी नेताओं सी जैसी,झूठी आस जगा जाता है ||

नेता नहीं तू कब समझेगा, मेरा बदरा भाई |

तपती धूप ने, सूखे कूप ने,तुझसे टेर लगाई ||

बदरा बोला सुन मेरे भोला,तू इंसां को समझाले|

मुझे बुलाना अगर तू चाहे,घर पेड़ों से सजाले||

वृक्षों का कायन मैं भी हूँ,मत काटों इनको भाई|

तपती धूप ने, सूखे कूप ने , तुझसे टेर लगाई||

ठहर तो जा , मत देना पानी , थोड़ी खाजा तू गुड धानी |

पाप करें इंसां धरती पर , भुगते क्यों जंगल के प्राणी ||

भाड़ में जाये भूखा मानव , करेंगे हम भरपाई |

तपती धूप ने, सूखे कूप ने , तुझसे टेर लगाई||

प्रकृति की पीड़ा इंसां , अगर नहीं समझेगा |

दूर नहीं है फिर वह दिन , जब साँसों को तरसेगा ||

जिन्दा क्या , नहीं कर पायेगा , मर कर भी भरपाई |

तपती धूप ने, सूखे कूप ने , तुझसे टेर लगाई||

गला खेत का सूख रहा है , कब बरसेगा भाई||

मेरी जिंदगी ने मुझसे मजाक किया है

मेरी जिंदगी ने मुझसे , मजाक किया है |

मैंने भी घूँट विष का , हँसकर के पिया है ||

सजाकर रखा है , पलकों पर अपनी हमेशा |

इल्जाम जो भी उसने , मुझको दिया है ||

मैं चल पड़ा उधर को , लेकर जिधर चली |

रुकना कभी मैंने चाहा , बनी मौत की घड़ी ||

जज्बातों का उसने , मेरे क़त्ल किया है |

मेरी जिंदगी ने मुझसे , मजाक किया है ||

बहकाकर मुझको रखा , थोडा प्यार जताकर |

कभी धीरे से मुस्काकर , कभी ऊँगली थमाकर ||

कहने को तो उसने , जीवनदान दिया है |

मेरी जिंदगी ने मुझसे , मजाक किया है ||

मेरी मंजिल से पहले ही ,लेकर उड़ गयी मुझको|

अधूरा रह गया जो सफ़र , दोष भी दूँ तो, मैं किसको ||

दुनियाँ ने मेरे पीछे , बड़ा शोर किया है |

मेरी जिंदगी ने मुझसे , मजाक किया है ||

टूटने को दिल बना है ,

टूटने को दिल बना है , टूटने भी दीजिये |

भूलकर भी जिक्र इसका ना किसी से कीजिये ||

क्या गुजरती टूटे दिल पर , टूटा दिल ही जानता |

भीड़ में भी भाई अपना, दूर से पहचानता ||

बात अगर करनी हो कोई , आँखों से ही कीजिये |

टूटने को दिल बना है , टूटने भी दीजिये ||

हमराज बनकर दिल ही मेरा , दूर मुझसे हो गया।

छोड़कर मुझको भंवर में , वादियों में खो गया॥

कोईबहाना लौटने का , यार रहने दीजिये ।

टूटने को दिल बना है , टूटने भी दीजिये ॥

लूटकर दिल का खजाना , कोई मेरा ले गया ।

बेवकूफी की कहानी, मुझको मेरी दे गया ॥

लूटने की दास्ताँ, अब तो सच कह दीजिये ।

टूटने को दिल बना है , टूटने भी दीजिये ॥

हूक दिल में उठ रहीहै, मानोसमुन्दर हिल रहा।

दर्द के कुएँ है अंदर ,

चेहरा मगर है खिल रहा ॥पार पाने को ग़मों से ,

रास्ता कोई दीजिये ।टूटने को दिल बना है ,

टूटने भी दीजिये ॥

सुन रोटी की फरियाद, जिसको लूट रहे जल्लाद।

सुन रोटी की फरियाद, जिसको लूट रहे जल्लाद।

तोंद है जिनकी मटके जैसी, बेकाबू औलाद ,

सुन रोटी की फरियाद, जिसको लूट रहे जल्लाद।

जंजीरों में जकड़ लिया है, मुंह भी मेरा बंद किया है।

बेबस हूं इन हैवानों से, रावण की ये औलाद।

सुन रोटी की फरियाद, जिसको लूट रहे जल्लाद।

डाल दिया है गोदामों में, बेचेगा ऊँचे दामों में।

हैं काली करतूतो में डूबे, फिर भी हैं बेदाग।

सुन रोटी की फरियाद, जिसको लूट रहे जल्लाद।

है सांस भी लेना दुसवारी, आया हुकुम यह सरकारी।

है कैसी यह सजा हमारी, जिसकी कोई नहीं है मियाद।।

सुन रोटी की फरियाद, जिसको लूट रहे जल्लाद।

लिखा है क्या तकदीर मैं मेरे, चारों तरफ जुल्मों के पहरे।

झोपड़ पट्टी घर था मेरा,छीना बन उस्ताद।

सुन रोटी की फरियाद, जिसको लूट रहे जल्लाद।

खोलने बेड़ी आजा कन्हैया,पड़ती हूं मैं तोरे पैया।

बटवा दे मुझे उन दुखियों में, जो रोटी को मोहताज।

सुन रोटी की फरियाद, जिसको लूट रहे जल्लाद।

सुन ले कान्हा जग के दाता,

महलों का सुख मुझे नहीं भाता।

मुझे भूख रुलाती मजलूमों की, और आती उनकी याद।

सुन रोटी की फरियाद, जिसको लूट रहे जल्लाद।

तोंद है जिनकी मटके जैसी, बेकाबू औलाद ||

राही मेरा राह में खो गया

राही मेरा राह में खो गया,

मैं जगता रहा वो सो गया |

वादा खिलाफी कैसे कहें,

होना था जो सो हो गया||

कस्में तुम्हारी भुला दी है मैंने ,

यादों की गठरी जला दी है मैंने |

वफाओं को मेरी यह क्या हो गया |

मैं जगता रहा वो सो गया ||

जमाने को ज्योति दिखाने का वादा,

हर मुश्किल में साथ निभाने का वादा |

छोड़ मुझको अधर में , कहाँ खो गया |

मैं जगता रहा , वो सो गया ||

जलाकर दीया खुद बुझाने लगा हूँ,

दिल को ही अपने जलाने लगा हूँ |

उजाला जो दिल का जुदा हो गया |

मैं जगता रहा वो सो गया ||

क्यों छुप गया तू सितारों में जाके ,

चलना है कैसे ये मुझको बताके |

आजा तू वापस या मुझको बुला ले ,

तेरे बिना मेरा सब खो गया है |

राही मेरा राह में खो गया ,

मैं जगता रहा वो सो गया

मुझे कुछ-कुछ तुझे सुनाने को

मुझे कुछ-कुछ तुझे सुनाने को ,

मन करता पास बुलाने को |

तेरा नाम पता मैं ना जानू ,

कोई नंबर नहीं मिलाने को ||

मैं उलझा ताने-बाने में,

यादों को तेरी सजाने में |

आँख भी मेरी मचल उठी ,

तेरी एक झलक पा जाने को ||

तू फुलवारी बनकर आजा ,

यादों को मेरी सहला जा |

जुल्फों की खुशबू काफी है ,

बगिया मेरी महकाने को ||

फूलों में खुशबू तेरी है ,

कोयल भी तेरी चचेरी है |

तेरा बदली बनकर छा जाना ,

काफी है मुझे रुलाने को ||

मैं खाका तेरा बनाता हूँ ,

चन्दा से उसे मिलाता हूँ |

तेरे आभामंडल के आगे ,

मजबूर वो शीश झुकाने को |

गुनाह बस इतना मेरा है

गुनाह बस इतना मेरा है , मैं डगर प्रेम की चलता हूँ |

कफ़न बाँध लेता सिर पर , जब घर से बाहर निकलता हूँ||

आँखों में भारत का नक्शा , और दिल में तिरंगा रहता है |

जो खून देश को लहलहाये , वही खून रगों में बहता है ||

सरहद पर मेरा भाई , मेरा बेटा , मेरा बच्चा |

उनकी आँखों से झलके, क्या देश प्रेम होता सच्चा ||

मौसम कैसा भी आये , कभी नहीं वह डरता है |

बढ़कर आगे तूफानों से , हँसकर खेला करता है ||

यही साहस अदम्य मेरे वीरों का , मेरी नसनस में बहताहै |

जो खून देश को लहलहाये , वही खून रगों में बहता है ||

एक जन्म तो क्या लाखों भी, कुर्बान है जननी धरती पर |

है चाहत मेरी छोटी सी , रहे तिरंगा सदा अमर ||

तिरंगे में लिपटी अर्थी , जब मेरी उठाई जाएगी |

एक तमन्ना थी बाकी , वह भी पूरी हो जाएगी ||

सरताज बने कैसे भारत , आखों में सपना रहता है |

जो खून देश को लहलहाये , वह खून रगों में बहता है ||

जाइये हमको हमारे हाल पर ही छोड़ दो

जाइये हमको हमारे हाल पर ही छोड़ दो |

बनती है कस्में तोड़ने को,

तुम भी चाहो तोड़ दो||

हम कहें या ना कहें ,

आँसू हमारे बोलते है |

ख्वाब जो देखे कभी,

आँखों में सारे डोलते है||

कह रहा हूँ आँसुओं से,

अपना बनाना छोड़ दो |

जाइये हमको हमारे हाल पर ही छोड़ दो ||

उड़ने लगा था दिल हमारा,

पंख लेकर के पवन के |

खो गए थे हम वहाँ ,

जहाँ प्यार के मौसम भी कम थे ||

चाँद बनकर दिल के आगन में ,

निकलना छोड़ दो |

जाइये हमको हमारे हाल पर ही छोड़ दो ||

चाँद -तारों से सजी ,

बारात लाना था तुझे |

जो अनसुना अब तक रहा ,

वो गीत गाना था तुझे ||

साथ रखने को मेरे ,

कुछ तो अपना छोड़ दो |

जाइये हमको हमारे हाल पर ही छोड़ दो |

मेरा दिल उदास है

मेरा दिल उदास है , जाने क्या बात है |

जानता भी नहीं , उसे जिसकी तलाश है ||

नहीं रोना चाहता है , नहीं हँसना चाहता है |

आँखों में किसी की , बस बसना चाहता है ||

आया नहीं है अब तक , जिसकी तलाश है |

मेरा दिल उदास है , जाने क्या बात है ||

फूलों के अब ये गुलदस्ते , लगते नहीं है अच्छे|

रिश्ते बने जो अब तक , निकले सभी है कच्चे||

मेरी जिंदगी बनी अब , मेरी तलाश है |

मेरा दिल उदास है , जाने क्या बात है ||

तेरा नाम आ रहा है ,कुछ इस कदर जुबां पर|

जैसे सुबह की लाली , छायी हो आसमां पर ||

जिस राह पर खड़े हो,कोई साथ अपने ले लो |

आसान होगा चलना ,टेढ़ी - मेढ़ी डगर पर ||

जीवन के इस सफ़र में , कोई तो ख़ास है |

मेरा दिल उदास है , जाने क्या बात है ||

तेरा प्यार मीठी कटार है

तेरा प्यार मीठी कटार है,दो-धारी तलवार है |

कब क़त्ल किसका कर दे , क्या ऐतबार है ||

क़त्ल करते है , नहीं आह भी भरने देते |

मरना चाहे कोई , मरने भी नहीं देते ||

जो चढ़ रहा है मुझपर , कैसा खुमार है ||

कब क़त्ल किसका कर दे , क्या ऐतबार है ||

क्या हसरतें है उनकी, कुछ-कुछ बता रहे है |

कुछ हम समझ रहे है ,कुछ वो छुपा रहे हैं ||

बेखुदी से उनकी , क्यों इतना प्यार है |

कब क़त्ल किसका कर दे , क्या ऐतबार है ||

बेदर्द दिल के मालिक , क्यों दिल लगाते है |

खाकर वफा की कस्में , दिल को जलाते है ||

मिलने को फिर भी दिल , क्यों बेकरार है |

कब क़त्ल किसका कर दे , क्या ऐतबार है ||

मालिक मुझे कुछ नहीं आता ,मालिक मुझे कुछ नहीं आता,

तेरा नाम भी कैसे गाता | मिल जाता अगर तू मुझको,

दिल खोलकर मैं दिखलाता||

तू बुरा मान या अच्छा,तेरा नाम नहीं है सच्चा|

तू माफ़ मुझे कर देगा ,आखिर हूँ तेरा बच्चा ||

ये जहर बाँटने वाले ,दुखियों को सताने वाले |

नाम तेरा ले लेकर करते है मुँह अपने काले ||

क्या गुजरे अबलाओं पर,मिलता तुझे बतलाता |

मिल जाता अगर तू मुझको, दिल खोलकर मैं दिखलाता||

मालिक मुझे कुछ नहीं आता,तेरा नाम भी कै से गाता ||

कहीं जाती-धर्म का पंगा,कहीं होता नाच है नंगा|

क्यों मालिक बन्दे तेरे,तेरे नाम पर करते धंधा||

क्या लाचारी है तेरी,क्यों मुझको नहीं बतलाता |

मालिक मुझे कुछ नहीं आता, तेरा नाम भी कैसे गाता ||

बारिश पानी की कम कर,पर सद्बुद्धि बरसा दे|

तू चाहे कैसी दुनिया,तू दुनिया को बतला दे ||

क्या बना रहे है हम इसको, आता तो तुझे दिखलाता |

मालिक मुझे कुछ नहीं आता, तेरा नाम भी कैसे गाता ||

तू अम्बर पर रहता है , दुनियाँ तेरी मुट्ठी में |

क्यों जलाता भारत मेरा,इन धर्मों की भट्टी में||

गाँधी के भारत में तू , क्यों प्रेम नहीं बरसाता|

मालिक मुझे कुछ नहीं आता, तेरा नाम भी कैसे गाता ||

मैं सत्य-अहिंसा वाला , तू दुनियाँ का रखवाला|

दिलों में काले भर दे,तू प्रेम भरा उजियाला ||

बस यही प्रार्थना मेरी, मालिक मैं तुझसे करता |

मालिक मुझे कुछ नहीं आता, तेरा नाम भी कैसे गाता ||

विस्तार जिंदगी का

विस्तार जिंदगी का, समझा जहाँ था हमने |

जब जिंदगी मिली तो , मायने बदल गए ||

पड़े घर में सिक्के खोटे ,खटकते थे निगाहों में |

वही बस काम आये जब , फ़साने बदल गए ||

जब जिंदगी मिली तो , मायने बदल गए ||

एहसास-ए-दर्द को जरूरी है, दिल का होना |

खुदगर्ज जमाने के, पयमाने बदल गए ||

जब जिंदगी मिली तो , मायने बदल गए ||

गुल से पूछा,उसकी, उदासी का सबब क्या है ?

तो हँसकर बोला,

अजी हँसने - हँसाने के तो,जमाने निकल गए||

जब जिंदगी मिली तो , मायने बदल गए ||

खिलौनों से जो खेले थे अब तक , अब हमको खिलाते है |

हैरत में पड़ गया हूँ ,क्या जमाने बदल गए ||

जब जिंदगी मिली तो , मायने बदल गए ||

कुछ लिखना चाहते है , मजबूर क्यों कलम है ?

लगता मेरी कलम के, निशाने बदल गए ||

जब जिंदगी मिली तो , मायने बदल गए ||

क्या खता है मेरी कलम, बता तो सही |

तेरी बेरुखी से मेरे, उजाले निकल गए ||

जब जिंदगी मिली तो , मायने बदल गए ||

बदली है तूने सूरत , बिगड़े निजाम की |

दम हौसलों के तेरे, कैसे निकल गए ||

जब जिंदगी मिली तो , मायने बदल गए ||

देखी है कलम वह भी जो इन्साफ को लड़ी थी|

यही देखने को फिर हम , घर से निकल गए||

जब जिंदगी मिली तो , मायने बदल गए ||

हवा का रुख

हवा का रुख बदल गया, जो आप आए सामने।

रूप का सागर हो कोई, या ख्वाब देखा ख्वाब ने।

मैं खो गया था भीड़ में, तकदीर थी खफा खफा।

जिंदगी के रंग भी, हो चले थे बेवफा।

वक्त आकर झुक गया, मेरी बंदगी के सामने ।।

आ पकड़ उंगली मेरी, उड़ चलें हम उस जगह।

अरमां अधूरे ना रहे, और ना हो फिर जुदा।

तड़पा सदा है दिल मेरा, डोर तेरी थामने।

मूरत अजंता की है तू, या सीप का मोती कोई।

है बादलों की दामिनी, या प्यार की ज्योति कोई।

क्या मोल है तेरा बता, क्या पेश हो तेरे सामने।।

अपना चमन सजान तेरे प्यार में चले हैं हम, यह जिंदगी लुटाने।

ना तोड़ोगे ना दिल कभी, करके नये बहाने।

मेरीहै जान भी हाजिर हमारी, तेरी हर खुशी के सामने ।।

छोटी सी बुद्धि में

छोटी सी बुद्धि में , तुझे किधर डालूँ ।

तुझको जब मैं चाहूँ , झलक तेरी पालूँ ॥

क्या नाम रखूं मैं तेरा , मुझको बतला दे ।

फाइल नंबर भी उसपर, मैं क्या डालूँ ।

छोटी सी बुद्धि में , तुझे किधर डालूँ ॥

समय चैट का भी, निर्धारित कर लो ।

आने वाले सपनो से, झोली भरलो ॥

मेरा सपना तो केवल, तुझको पालूँ ।

छोटी सी बुद्धि में , तुझे किधर डालूँ ॥

टेली से यदि काम तेरा चल जायेगा ।

ऑफिस में फिर नाम तेरा हो जायेगा ॥

कीबोर्ड भी तेरा , क्या बदलवा लूँ ।

छोटी सी बुद्धि में , तुझे किधर डालूँ ॥

मेल आई.डी. क्या है तेरी बतला दे ।

उसे खोलकर थोडा मुझको पढवा दे ॥

अच्छी बातें उसकी , मैं भी अपनालूँ ।

छोटी सी बुद्धि में , तुझे किधर डालूँ ।

मेमोरी कार्ड में भी स्थान नहीं |

मोबाइल में अब कोई जान नहीं ||

मेमोरी कार्ड क्या अपना बढ़वा लूँ |

छोटी सी बुद्धि में , तुझे किधर डालूँ ||

आज कुछ मैं लिख रहा था

आज कुछ मैं लिख रहा था,

आ गए वह सामने।

धीरे-धीरे हाथ मेरा,

फिर लगे वह थामने।।

बोले यह क्या कर रहे हो,

क्यों नहीं तुम मानते।

ताकत कलम की अपनी तुम,

क्यों नहीं पहचानते।।

तोड़ दो अपनी कलम यह,

सच अगर कहती नहीं।

है अमन के जो लुटेरे,

उन पर अगर चलती नहीं।।

यदि चुप रही यह इस तरह,

दुनियाँ नर्क बन जाएगी।

साफ सुथरी यह कलम भी,

खून से सन जाएगी।।

क्या लिखेगी फिर बता दे,

खून की इस धार से।

कट रहे क्यों सर धड़ाधड़,

जुर्म की तलवार से।।

तू होश में कब आएगी,

यह तो बताना चाहिए।

कटता मरता या सवरता,

कैसा जमाना चाहिए।।

फैलाने अमन धारा पर तू,

दे लूटा सब कुछ यहां।

मुर्दों की सांसे चल पड़े,

ऐसी दे कुछ मंत्रणा।।

शांति पताका फिर जहाँ में,

भारत की लहराने लगे।

प्यार मोहब्बत और अमन

के गीत सब गाने लगे।।

कौन कब किससे बिछुड जाए

कौन कब किससे बिछुड जाए,

आज है कल नजर नहीं आए |

अनिश्चिता का सफ़र है , मंजिल भी पता है ||

कही पैर अगर फिसला , हो जाओगे परेशान |

सावधान सावधान सावधान सावधान ||

इस मंजिल से कभी कोई , नहीं आया लौटकर|

जाना पड़े सभी को , देने को इम्तहान ||

सावधान सावधान सावधान सावधान ||

मेरा दोस्त मुझसे बोला, तू चल मैं आ रहा हूँ|

मेरा भी वही है , जहाँ तेरा है मुकाम ||

सावधान सावधान सावधान सावधान ||

एक जेब तो लगा दे , पतलून में तू मेरी |

मुझको पता चला है , वहां मिलता नहीं सामान||

सावधान सावधान सावधान सावधान ||

पानी की एक बोतल , तू रख दे मेरे साथ |

लम्बे सफ़र में मेरे , मुझको मिलेंगे जाम ||

सावधान सावधान सावधान सावधान ||

मुझको वहां मिलेंगे ,

पहचान वाले मेरे |

उनके लिए भी रख दे ,

कोई अच्छा सा मिष्ठान||

सावधान सावधान सावधान सावधान ||

मंजिल का पता सबको ,मगर अनजान सभी हैं|

नहीं करते हम इकट्ठा ,

साथ जाये जो सामान||

सावधान सावधान सावधान सावधान ||

यह वक्त बड़ा हरजाई है ,

कहता हूँ आताताई है|

नहीं बख्शता है किसी को,

चाहे वह अपना भाई है|

जो भी काम करो , करो सोचकर ,

बस देश नही हो बदनाम ॥

सावधान सावधान सावधान सावधान ॥

तैयारी मैं कर लूँ

तैयारी मैं कर लूँ, ग़मों से यारी मैं कर लूँ ।

खफा-खफा हैं जो, उनको बाहों में भर लूँ ॥

लुटाने में, कोई कसर नहीं छोइँ ।

भूले से भी दिल कभी किसी का ना तोहूँ ॥

दुनियाँ के ग़मों से मैं, झोली अपनी भर लूँ ।

तैयारी मैं कर लूँ, ग़मों से यारी मैं कर लूँ ॥

खुशियों के खजाने को, जनता में लुटाने को ।

सौहार्द बढाने को, नया संसार बनाने को ॥

इच्छा को मैं अपनी जल्दी पूरा कर लूँ। ,

तैयारी मैं कर लूँ, ग़मों से यारी मैं कर लूँ ॥

जीवननिरालाहै, लगता मतवाला है ।

क्षण भर में अँधेरा है पल भर में उजाला है ॥

अपनत्व लुटाने को, दिलदारी मैं कर लूँ ।

तैयारी मैं कर लूँ, ग़मों से यारी मैं कर लूँ ॥

अफवाहों की दुनियाँ

अफवाहों की दुनियाँ से , मुश्किल है बचकर रहना ।

सूखे रेत पर नाव चला दे , इनका भी क्या कहना ॥

सरसों हथेली पर उगवादें , पानी में आग लगा दें |

मछली जल की रानी को भी , अम्बर की सैर करा दें ||

इन्हें महारथ हासिल है , सरसों के पेड़ पर चढ़ना |

अफवाहों की दुनिया से , मुश्किल है बचकर रहना ||

देशभक्ति का राग अलापें , मायने नहीं आते हैं|

रिश्वतखोरी लूट-पाट में , पर अव्वल आते है||

जाति धर्म भाषा पर आता , इनको उधम करना|

अफवाहों की दुनियाँ से , मुश्किल है बचकर रहना ||

हिन्दू-मुस्लिम सिख-इसाई , आओ अहद उठालें|

आग में नफरत की जलने से , अपना देश बचालें ||

सोचो नहीं , आगे बढ़ जाओ ,

मेरे भाई बहना |अफवाहों की दुनियाँ से ,

मुश्किल है बचकर रहना ||

समय की धारा बदल रही है

समय की धारा बदल रही है , सूखी नदिया उफन रही है |

नाव चली है बिन पानी के , जल में मछली उबल रही है ||

शर्म का पानी तार-तार है , बेशर्मी का जयकारा है |

घर को जलाकर दिल के मेरे , मुझको कहते हत्यारा है ||

काल का पहिया ऐसा घूमा , हार जीत में बदल रही है |

समय की धारा बदल रही है , सूखी नदिया उफन रही है ||

प्यासी धरती गरजे बादल , थोड़ा बरसे बरसे बादल |

देख बदरया काली-काली,झूमे जैसे झूमे पागल||

लेकर मटकी जल भरने को , बदली घर से निकल रही है |

समय की धारा बदल रही है , सूखी नदिया उफन रही है ||

देख अँधेरा जुगनू बोला , आओ चलो ऐसा करते है |

दूर झोपड़ी में जो सोया , घर उसका रौशन करते है ||

भूखी-प्यासी इस नगरी से , शमां भी बचकर निकल रही है |

समय की धारा बदल रही है , सूखी नदिया उफन रही है ||

जब भी दुखों ने आकर

जब भी दुखों ने आकर , अपनी व्यथा सुनाई |

मैंने गले लगाया , देकर उन्हें सहारा ||

याराना कर लिया है , हमने सभी दुखों से |

वो दौड़कर है आते, जब भी कभी पुकारा ||

गम के बगैर दुनियाँ , लगती है सूनी-सूनी |

गम के अबतो , होता नहीं गुजारा ||

जितने भी गम जहाँ में ,आँचल में मेरे भर दो|

ये जिंदगी है मेरी , ये ही मेरा सहारा ||

बाटूँ जहाँ में खुशियाँ , आसू ग़मों के पीलू |

ये जिंदगी है मेरी , मेरा यही सहारा ||

यह क्या कर रहे हो , नफरत के शूल बोकर |

हमको नहीं सिखाता , हिन्दुस्तान हमारा ||

बेकरारी तुम्हारी नजर आ गई

बेकरारी तुम्हारी नजर आ गई।

ये अदां भी तुम्हारी हमें भा गई॥

चाँद आया था छुपकर तुम्हे देखने ।

रास्ते में कहाँ से घटा छा गयी ।

तुमको देखा तो फिसली मेरी नजर

मेरी नजरों पर मेरा ना इख्त्यार है ।

मैंने पूछा शरारत क्यों ऐसी करी ।

बोली उसके बिना सूना संसार है ॥

हाथ मिलाने को जैसे ही आगे बढ़ा,

बिछड़ने की कैसी सदा आ गयी ॥

तेरी नजरों में छुपा है कयामत का चिट्ठा ।

मेरी जान तुम मुझको पढना सिखा दो ।

बचेगी कैसे ये मोहब्बत की दुनियाँ,

थोडा सा पर्दा तुम उसका उठा दो ।

सपनो की दुनियाँ मेरी, सपनों में खो गयी ।

तेरी नजरों की ताकत का हमको पता है ।

तू चाहे अगरे आसमान को हिला दे ।

चाँद तारे तुम्हारे इशारे पर चलते

तू जिसको भी चाहे जैसी सजा दे ।

जुर्म तेरे की हमको सजा हो गयी।

बेकरारी तुम्हारी नजर आ गयी।

गरे ये अदां भी तुम्हारी, हमें भा गयी ॥

नहीं मन करता है लिखने को

नहीं मन करता है लिखने को ,

तैयार खड़े हम बिकने को |

राम भरोसे है छोड़ा ,

जनता बेचारी पिसने को ||

जनता है भोली-भाली ,

अपनी जैसे घरवाली |

चुप-चाप ही सहती रहती ,

अपने घर की बदहाली ||

जब रूप धरे दुर्गा का ,

नहीं जगह मिले छुपने को |

नहीं मन करता है लिखने को ,

तैयार खड़े हम बिकने को |

जब बात करूँ धरती की ,

नदिया गागर भरती की |

कुए से जाकर कहती ,

तैयारी कर अर्थी की ||

मुझको तो मार दिया है ,

आई आगाह करने तुझको |

नहीं मन करता है लिखने को ,

तैयार खड़े हम बिकने को |

पर्वत भी प्यासा-प्यासा ,

मजबूर है , बड़ा उदासा |

बादल भी आकर उसको ,

क्यों दे जाता है झांसा ||

क्यों पेट फाड़ कर उसका ,

छोड़ दिया मरने को |

नहीं मन करता है लिखने को ,

तैयार खड़े हम बिकने को |

देख दशावृक्षों की लगता ,

भक्षक बने हम उनके सारे |

हम दौड़ तरक्की के चक्कर में ,

वृक्षों के बनगए हत्यारे ||

यदि आज नहीं हम जागे ,

नहीं बचेगा कुछ करने को ||

नहीं मन करता है लिखने को ,

तैयार खड़े हम बिकने को |

जीवन जंगल के रिश्तों को हम,

आँख बंद कर लूट रहे |

देखकर बहसीपन लालच का ,

वृक्षों के पसीने छूट रहे ||

सुन्दरलाल बनो भारत के ,

फल जीवन का चखने को |

नहीं मन करता है लिखने को ,

तैयार खड़े हम बिकने को |

क्यों राम गया तू भूल

क्यों राम गया तू भूल।

सांचे मन से नाम तू रट ले,

छट जाये मन की धूल।

वो कहते हैं प्यार से उनको,

झूठे बेर कबूल। क्यों राम गया तू भूल।

नाम पर मेरे जो लड़ते हैं

जप झूठा मेरा करते है |

गर चाहो तुम मुझको पाना,

नफरत जाओ भूल॥

क्यों राम गया तू भूल।।

मानव सेवा मेरी सेवा,

पेट ना अपना भरने भेजा।

माया के चक्कर में पड़कर,

गया मानव सेवा भूल।

क्यों राम गया तू भूल।।

मैं दुनिया का हूं रखवाला,

गोरा हो या हो कोई काला।

ब्रह्मांड के मालिक से तू,

क्यों चाहे त्रिशूल।

क्यों राम गया तू भूल।।

टुकड़ों में ना मुझको बांटो,

भ्रम जो फैला उसको छांटो।

राहे पकड़ तू रस खानों की,

मीरा भी ना भूल।

क्यों राम गया तू भूल।।

प्रेम का दूजा नाम राम हे,

वो निश्छल है सत्यकाम है।

ओढ़ दुपट्टा राम नाम का,

उगा प्रेम के फूल।

क्यों राम गया तू भूल।।

सांचे मन से राम तू रट ले,

छट जाए मन की धूल।।

हम भी होते इंसान

दो-चार करोड़ होते हम पर,

हम भी होते इंसान।

अब तो पैसा ही भगवान ,

अब तो पैसा ही भगवान ॥

सच्चाई को कोई ना पूछे ,

झूठों का गुणगान ।

अब तो पैसा ही भगवान ,

अब तो पैसा ही भगवान ॥

नेता बनते या बनवाते ,

सत्ता का सुख खूब उठाते ।

अवगुण मेरे गुण हो जाते ,

जनता करती सम्मान ॥

अब तो पैसा ही भगवान ,

अब तो पैसा ही भगवान ||

योजनाएँ खूब बनाता मैं ,

काग़ज पर उन्हें दिखाता मैं |

भोली जनता खुश हो जाती ,

बस लोलीपोप थमाता मैं ||

जनता का हक़ मैं खा जाता ,

कहलाता बड़ा महान |

अब तो पैसा ही भगवान ,

अब तो पैसा ही भगवान ||

वोट माँगने के मौके पर ,

पैसा घर-घर मैं भिजवाऊँ |

किसी को दूँ मैं खैर की धमकी ,

किसी को आपस में भिड़वाऊँ ||

हिन्दू-मुस्लिम,

मुस्लिम-हिन्दू करके मैं तो,

कर लेता अपना काम

अब तो पैसा ही भगवान ,

अब तो पैसा ही भगवान ||

गीत बनाने दो

मुझे गीत बनाने दो प्रेम की रीत निभाने दो।

गीतों को तेरे मुझको मनमीत बनाने दो।।

बारूद बेचने वाले, नफरत को बढ़ाने वाले।

नासमझ मेरे भाई हैं उनको समझाने दो।।

नहीं रातें कभी हो काली फैले घर-घर उजियाली।।

जो दूरी बढ़ी दिलों में मुझे उसे मिटाने दो ।

कुछ खट्टी मीठी यादें कुछ झूठी सच्ची बातें।

कुछ उलझती हैं हमको उनको सुलझाने दो।

मुझे गीत बनाने दो प्रेम की रीत निभाने दो।

मेरा देश है जहां से प्यारा दुनिया से गजब निराला।

कुछ नजर लगी है इसको वह नजर हटाने दो।।

मुझे गीत बनाने दो प्रेम की रीत निभाने दो।।

आइये हुजूर, अंजूमन में आइये ।

आइये हुजूर, अंजूमन में आइये ।

कुछ अपने दिल की कुछ अपनी सुनाइये ॥

भटको ना अब तुम, इस राहे वफ़ा में ।

थोड़ा करम अपना, हम पर दिखाइये ॥

लुटी जिन्दगी को वापस दिलाएंगे ।

चाहत को अपनी, लबों पर तो लाइए ॥

जो कल लिखा था , उसको मिटा दो ।

कलम की ताकत फिर से दिखाइये ॥

योवन से क्यों तुम खफा हो रहे हो ।

लाचारी क्या है , कुछ तो बताइये ॥

ये आँसू तुम्हारे, है मोती हमारे ।

है क्या इनकी कीमत , हमको बताइये ॥

ना कटेगा सफ़र, यह अकेले अकेले |

हमदम किसी को अपना बनाइये ||

दरिया ग़मों के बदलें ख़ुशी में |

दिल की कहानी दिल को बताइये ||

कब बदली सूरत भोली सी

कब बदली सूरत भोली सी ,

कब खाल लटक गई झोली सी |

कब आँखों ने दामन छोड़ा ,

कब हो गई काया खोली सी ||

कब यारों ने मिलना छोड़ा ,

कब अपनों ने ही दिल तोड़ा |

जो पास में थे दिल के हरदम ,

कब बने राह के वो रोड़ा ||

कब आना जाना बंद हुआ ,

कब विश्वासों का खंड हुआ |

कब लता प्रेम की मुरझाई ,

कब रिश्तों में द्वन्द हुआ ||

कब वफ़ा में खुशबू सूख गयी ,

कब किस्मत अपनी रूठ गई |

कब सावन आकर चला गया ,

कब जल की गगरी फूट गई ||

बस यही काम अब बाकी है ,

मैं हूँ और मेरी साकी है |

मैंने दाँव लगाया मुर्दों पर ,

गलती यह मेरी काफी है ||

किरदार मेरा क्या है और क्या दिखा रहा हूँ |

किरदार मेरा क्या है और क्या दिखा रहा हूँ |

गिरता ही जा रहा हूँ , गिरता ही जा रहा हूँ ||

गाँधी का नाम लेकर , हिंसा बढ़ा रहा हूँ |

बनूँ सत्य का पुजारी , दिल झूठ की पिटारी |

नफरत उगा रहा हूँ , चन्दन बता रहा हूँ ||

कहने को माया छोड़ी , कहता फिरूँ निगोड़ी |

भरी लूटकर तिजोरी , त्यागी बता रहा हूँ ||

किरदार मेरा क्या है और क्या दिखा रहा हूँ |

फितरत है मेरी धोखा , और झूठ का खजाना |

धर्मों को भी लड़ाना , करके कोई बहाना |

बेचा है जिसको मैंने , अपना बता रहा हूँ ||

किरदार मेरा क्या है और क्या दिखा रहा हूँ |

छल-झूठ की कलाई , खुलने लगी है भाई |

सुन-सुन कर दुनियाँ सारी , करने लगी है हसाई |

हो पार कैसे नैया , तिग्डम भिड़ा रहा हूँ |

किरदार मेरा क्या है और क्या दिखा रहा हूँ |

मादरे वतन पर मिटने की कसमें खाता |

हरूँ चैन कैसे माँ का , मंसूबे यह बनाता |

जयचंद हूँ जनम से , बिस्मिल दिखा रहा हूँ ॥

किरदार मेरा क्या है और क्या दिखा रहा हूँ |

कभी – कभी करता है मन मेरा

कभी – कभी करता है मन मेरा ,

मन तुझ को पाने को |

कभी-कभी मन करता मेरा ,

जग में छा जाने को ॥

कभी-कभी कहता है मुझसे ,

छोड़ ये दुनियादारी |

कभी कभी वह कह देता है ,

अपनी ही लाचारी ॥

कभी-कभी मेरा मन मुझको ,

दिन में स्वपन दिखाता है |

और कभी मन मेरा कहता ,

उगा प्रेम की क्यारी ॥

सूख रहे है प्रेम के उपवन ,

मन ने मुझे बताया |पड़े कभी ना तेरे मेरे ,

प्रेम पर काली छाया ॥

सोच रहे हैं सोचने वाले ,कुछ ऐसा करने को |

गौतम – गांधी की धरती को

नफरत से भरने को ॥

मन कहता है मुझको मेरा ,

सावधान होने को ||

नहीं बचेगा प्रेम का कतरा ,

धरती पर बोने को ||मंसूबे जो पाले ऐसा ,

होते बड़े अनाड़ी |जान लुटा देते है बन्दे ,

प्रेम अमर करने को ||

.प्रेम के दुश्मन समय-समय पर ,

दुनिया में आयें है ||

नहीं छुपाना अब कुछ खुद से

नहीं छुपाना अब कुछ खुद से ,

दुनियाँ अब पहचानी है |

जंग जीतना है अब खुद ही ,

पीछे हटना नादानी है |

रिश्तों को सींचा है खूँ से,

कभी ना समझा घर दूजा है |

शान बढाने खानदान की ,

घर के कण-कण को पूजा है |

बदले में जो पाया मैंने ,

हरकत लगती शैतानी है |

देख रहा है भगवन मेरा ,

देख रहा दुनियाँ सारी है |

कैसी-कैसी चाल चली है ,

बटवाने घर और द्वारी ,

चैन नहीं है अब भी उनको ,

दिल में जिनके बेइमानी है |

मजबूर हूँ मैं दिल के आगे |

मजबूर हूँ मैं दिल के आगे |

मैं चलता हूँ और यह भागे ||

कभी इधर को , कभी उधर को||

दौड़ रहा है आगे आगे ||

डूबना चाहे उस नदियाँ में |

जो खुद प्यासी जल के आगे ||

कलियाँ सूखी पुष्प हरे है |

चमन का मंजर समझ के आगे ||

नहीं वो दुनियाँ , आख जो देखें |

कह दो दिल को होश संभाले ||

सहरा में कब बरसे सावन |

नहीं समझते है मतवाले ||

प्रेम अमर है प्रेम अमिट है |

प्रेम जहाँ है दुःख वहाँ भागे ||

मेरी जिंदगी ने मुझसे,मजाक किया है|

मेरी जिंदगी ने मुझसे ,

मजाक किया है |

मैंने भी घूँट विष का ,

हँसकर के पिया है ॥

सजाकर रखा है ,

पलकों पर अपनी हमेशा |

इल्जाम जो भी उसने ,

मुझको दिया है ॥

मैं चल पड़ा उधर को ,

लेकर जिधर चली |

रुकना कभी मैंने चाहा ,

बनी मौत की घड़ी ॥

जज्बातों का उसने ,

मेरे क़त्ल किया है |

मेरी जिंदगी ने मुझसे ,

मजाक किया है ॥

बहकाकर मुझको रखा ,

थोडा प्यार जताकर |

कभी धीरे से मुस्काकर ,

कभी ऊँगली थमाकर॥

कहने को तो उसने ,

जीवनदान दिया है |

मेरी जिंदगी ने मुझसे ,

मजाक किया है ॥

मेरी मंजिल से पहले ही ,

लेकर उड़ गयी मुझको |

अधूरा रह गया जो सफ़र ,

दोष भी दूँ तो, मैं किसको ||

दुनियाँ ने मेरे पीछे ,

बड़ा शोर किया है |

मेरी जिंदगी ने मुझसे ,

मजाक किया है |

समझा रहा हूँ दिल को ,

ना राग छेड़े उनके |

समझा रहा हूँ दिल को ,

ना राग छेड़े उनके |

जो हो गए पराये ,

कुछ दूर साथ चलके ||

हम हो रहे है रुखसत ,

तुम अलविदा ना कहना |

छोड़ो हमारी बातें ,

तुम आगे बढ़ते रहना |

इस राहे जिंदगी में ,

आसूँ कभी ना छलके ||

समझा रहा हूँ दिल को ,

ना राग छेड़े उनके ||

शोखियों ने उनकी ,

कलियों को पीछे छोड़ा |

लहरा कर जुल्फे अपनी ,

दिल बादलों का तोड़ा ||

अब दामिनी से कह दो ,

आँचल बचाकर निकले |

समझा रहा हूँ दिल को ,

ना राग छेड़े उनके ||

शबनम के ये मोती ,

आँसू है मेरे दिल के |

आबाद हो गया हूँ ,

तन्हाइयों से मिलके ||

महफ़िल उन्हें मुबारक,

जहाँ जाम खूब छलके ||

समझा रहा हूँ दिल को ,

ना राग छेड़े उनके ||

कदरदान मिल गया है ,

गीतों को मेरे सिलने |

भेजा उसे खुदा ने ,

मेरी आरजू से मिलने ||

बाँहों में उनकी मेरा ,

दम धीरे-धीरे निकले |

समझा रहा हूँ दिल को ,

ना राग छेड़े उनके |

जो हो गए पराये ,

कुछ दूर साथ चलके ||

<u>क्रोध जो आये पीना सीखो</u>

क्रोध जो आये पीना सीखो ,

फटा पाजामा सीना सीखो ||

चुपके-चुपके काटो जीवन ,

साँस बची जो जीना सीखो ||

करो शिकायत ना साबुन की ,

बिन पानी के नहाना सीखो ||

वक़्त बचा है जो धरती पर ,

दिल उससे बहलाना सीखो ||

छोडो दिल के दर्द दिखाना ,

ऊपर से मुस्कुराना सीखो ||

नाम है सांचा बस एक रब का ,

जोड़ना रब से नाता सीखो ||

माया ठगनी बड़ी जरूरी ,

उसको दूर भगाना सीखो ||

बहुत सुनाया अब तक तुमने ,

अब औरों की सुनना सीखो ||

घाव मिले है जो अपनों से ,

सोने में सहलाना सीखो ||

काम अगर कोई करना चाहे ,

गाँठ बाँधलो कभी न छीको||

दुनियाँ के छोड़ो सब झगड़े ,

सबको गले लगाना सीखो ||

देख बुराई ना दूजो में ,

अपने भीतर पाना सीखो||

सूख रहे है प्रेम के जंगल ,

प्यार के बाग़ लगाना सीखो

चुकि समझौता है एक-बुढापा ,

डाट पड़े तो खो मत आपा||

S

क्रम-सूची